U0942369

連倩妤、嚴沛瑜、馬莉、周冠威／著

Andrew Yeung/ 插畫

如果你心累了

——聽動物說故事

如果你心累了 —— 聽動物説故事
作者／連倩妤、嚴沛瑜、馬莉、周冠威
策劃編輯／伍詠慈
美術設計／鄺穎殷
出版發行／突破出版社
香港沙田亞公角山路33號突破青年村
電話：2632 0000　傳真：2632 0388
電郵：breakthrough@breakthrough.org.hk
網址：http://www.breakthrough.org.hk
http://www.btproduct.com
承印／陽光（彩美）印刷有限公司
2021年7月初版1刷
2024年4月初版4刷

When You Feel Tired - Listen to the Fables of Animals
by Constance Lin, Eunice Yim, Mary Ma & Kiwi Chow
First Printing, First Edition, July 2021
Fourth Printing, First Edition, April 2024

Printed in Hong Kong
ISBN 978-988-8562-52-7

本書經文取自《新標點和合本》，版權為香港聖經公會所有，承蒙允准採用，特此鳴謝。

誠邀閣下就突破出版社的書籍發表意見

歡迎加入突破出版社 facebook page — http://www.facebook.com/btbooks.page

本書採用環保油墨印刷

心靈地圖 

目錄

序

【作者、作詞及發起人】

Constance Lin
連倩妤

畢業於加拿大多倫多大學（University of Toronto）工商管理系，副修心理學，後於澳洲蒙納殊大學（Monash University）完成輔導碩士學位，曾在中學任職心理輔導，並於雜誌撰寫親子教育專欄、Music Playground 創辦人，擔任心理輔導、遊戲治療、兒童情緒及社交培訓工作。

熱愛文字和音樂，深信兩者的力量，喜歡探索兩者之間的可能。愛吃愛睡，但經常為歌詞創作廢寢忘餐。

作者

Eunice Yim
嚴沛瑜

匠仁慈善機構創辦人及兒童心理學家。擁有心理學學士、教育碩士及博士、應用行為分析高級整全認證學歷。專業範圍包括幼兒教育、特殊教育、行為分析、融合教育等。身為一子一女之母，曾任全職及在職媽媽，處於不同身分狀態，經歷了不同生活及工作階段的衝擊，深深體會父母及照顧者自身的心理健康對子女成長的長遠影響。有見及此，匠仁慈善機構為本地有需要幼童及家庭提供心理及培育子女的實務支援，以助家庭認清適合自身家庭培育子女成長的方向。

Kiwi Chow
周冠威

畢業於香港演藝學院電影電視學院，榮獲一級榮譽藝術學士、電影製作碩士。

2013 年首套劇情長片《一個複雜故事》，入圍第 37 屆香港國際電影節，並榮獲藝術發展局的藝術新秀獎（2014）。

2015 年於短片結集電影《十年》，執導其中一段短片《自焚者》。《十年》榮獲第 35 屆香港電影金像獎最佳電影。

2019 年劇情長片《幻愛》入選香港亞洲電影節，獲得香港電影評論學會最佳男演員及最佳女演員獎項，榮獲第 39 屆香港電影金像獎 6 項提名包括最佳導演及最佳編劇，同時在第 57 屆台灣金馬獎獲得 3 項提名，並成功榮獲最佳改編劇本獎。

Mary Ma

馬莉

香港中文大學社會科學學士，主修社會工作，副修日本文化，曾任職中學學習支援主任工作，作特殊學習需要之個案管理員，現為一名歌手及資深聲樂導師，同時也是 Nard Music 及香港人 Gospel Choir Promist 創辦人及社工，致力幫助人用音樂去表達及感受生命的心與靈。多年來，由輔導、管理、教學、到銷售、活動統籌的工作，由教育界、美容界、音響界、音樂界到社福界、教會界的工作，都曾涉獵，是一位名符其實的 Slashie。

同時具有社工工作及音樂工作兩個專業背景，曾多次受邀在香港、台灣、中國大陸等地作演出和授課，合作過的單位包括 1563 at the East、The Aftermath Bar、Lost Star Livehouse、台北靈糧堂藝術媒體學院、天梯使團 4C、香港基督徒音樂事工協會、各大專院校的基督徒樂隊和不同的中、小學、教會及社福機構。

【企劃顧問】

Erwin Huang
黃岳永

曾任矽谷精英和上市公司行政總裁，現職香港科技大學副教授及高級顧問（創業）、青年成就香港部副主席、DreamStarter 共同創辦人及主席，是一位不斷接受新挑戰的創新者、電子學習社會企業的先行者。

2009 年參與探討香港貧富懸殊問題電視節目《窮富翁大作戰》後，體驗到貧窮人士對生活的絕望，進而積極參與社會企業，以「一個企業除了盈利之外，也需要履行社會責任，對社會有一個正面的影響」的信念，先後創辦了「平安鐘」和「有機上網」，2014 年獲頒發為香港精神大使，希望透過創意思維及資訊科技以連繫社會中之弱勢社羣。著作：《讓孩子成為創業家——一場創意教育》、《工作自主——組合你的 Slash 人生》。

Michael Luk

美國波士頓伯克利音樂學院（Berklee College of Music）榮譽畢業，主修聲樂及編曲，後於美南浸信會神學院（Southern Baptist Theological Seminary）取得教會音樂碩士學位。居美期間長期參與黑人社區音樂工作，更曾於第 74 屆 National Convention of Gospel Choirs and Choruses 中發表個人作品 "Bring Me Home" 及指揮大型黑人詩班，為罕有華人獲得此等榮譽。

現任 Nard Music 及香港人 Gospel Choir Promist 的音樂顧問，多年來曾任聲樂老師、大學講師、合唱團指揮、作曲人、編曲人、歌曲監製、歌手、音樂劇演員、電影配樂師等。合作過的知名人士包括 Nick Vujicic、王祖藍、衛蘭、John Laudon、Howard McCrary、Zorina London 等等。

【插畫師】

Andrew Yeung

一位喜歡運用色彩圖案繪畫的香港插畫家，畢業於美國薩凡納藝術大學（Savannah College of Art & Design），主修插畫系。以繪畫 fashion、食物為主，色彩鮮艷的配色與隨性的 patterning，是他的獨特風格。Andrew 曾於香港、東京、大阪、台灣等地舉辦個展，現活躍於東京。

企劃介紹

本書集合了音樂人、插畫師、心理輔導員、兒童心理學家、社工、電影導演參與，以文字、插畫和音樂，分享人生，讓我們一同在這本結合感受與反思的作品中，得着心靈的療癒。

每一章包括：

1. 一個動物寓言故事，歌詞及歌曲背景介紹
2. 一首主題曲（讀者掃描二維碼，便可於網上平台收聽歌曲及欣賞歌曲 MV）
3. 穿插於文章間，與歌曲配合的插畫
4. 心靈短文和微小説

推薦序

// 黃岳永

1948 年的初夏，柏林危機在冷戰氛圍下一觸即發，爾後圍牆建成，城內一片肅殺；四十寒暑過去，兩德再次統一，半生磨難，人們又是如何度過的呢？看着剩下圍牆的壁畫與塗鴉，歷史的黑暗彷彿被消散得輕於鴻毛，我們像得以窺見一股溫柔卻又強大的力量醞釀其中。

藝術的細膩，總是猝不及防觸碰到內心一隅，一首歌、一幅畫，訴說的感受與信息勝過千言萬語。作為載體讓創作者和觀賞者隔空交流，藝術超越了時間空間，將素未謀面的兩個個體連繫，為失語的心靈發聲。

來到 2020 年，相信大家對「黑暗」並不陌生。世局的紛雜難測、政局的波譎雲詭、人生的悲歡離合，通通不過是陳腔濫調，然而我們無一倖免都要與之共存。柏林圍牆上的創作正是人們抵抗「黑暗」的寫照，面對大氣候的無力感，締造了另一個自由的維度供人直抒胸臆。不論是創作的過程還是觀賞的時光都有治癒的能力，心底裏的悲憤、控訴、哀傷、掛念、喜悅、最重要的是——盼望，透過藝術傾瀉而出，鼓勵被蹂躪的靈魂繼續前行。

各人自有各自的「黑暗」，盼望這個企劃的某首歌、某幅畫、某段文字，可以為你疲憊的心靈添一分力。大時代裏好好照顧自己，見字坐直休息多喝水，才能走得更遠。

推薦序

// 謝曉陽

幾個月前，倩妤傳訊息給我，問我要不要一些毛毛蟲，我想：「這是跟我開玩笑嗎？（汗）」後來她的毛毛蟲破繭了，卻沒有成蝶——牠的翅膀是平放的，應該是飛蛾。倩妤開朗的笑聲反映，對於這意想不到的結果，她一點都不介意。

愛因斯坦說過，每個人都是天才，只要你別叫一條魚去爬樹。的而且確，我們每個人都曾有懷疑自己、討厭自己，完全迷失方向的時候。在社會動盪的時刻，有時我會想，我應該說什麼，不應該說什麼，不說，是否出於怯懦；說，是否出於意氣，哪個才造就人？哪個才是真正的我？我們可以依循很多路徑、方法成為「什麼什麼」，但要成為「自己」卻是一個需要等待、聆聽、接納而且看不見前方的驚險旅程。

這天或許你在為前路惆悵，又或在為過去痛悔，那就不如在此刻打開耳朵，聽聽動物的心聲和故事，讓音樂和文字陪伴你重新找到方向吧！

謝曉陽（Milo Tse）
詩人，藝術家，模特兒，打雜

推薦序

// 黃婉君

知道 Constance 出版著作，身為好友的我，當然興奮又期待。以她的睿智、耐性、堅韌……我肯定她的文字可以觸動人心。

説到 Constance，我覺得稱其為「達人」非常貼切。不管在日常生活、工作、家庭、填詞、寫作之中，她永遠百分百投入和傾盡全力。每次跟我娓娓道來分享她的歌曲和故事，從她的雀躍，我感受她是樂在其中。對於她的熱誠，很難不感動的。

她是一個觀察入微的人，由她身上可以學會，從生活點滴中體會人生，從故事中反思人性，在她的著作中，每個故事都是生活的寫照，借物説理，你總可以找到療癒及鼓勵。

「做一個真實的自己，不迎合，不將就，坦然面對及接納自己的不完美，才是真正愛自己。」

期待她更多文字和音樂創作。

黃婉君（Rosanne Wong）

女歌手 / 演員，女子組合 2R 成員，
Central Smile, Rozy Organics, Rozy Baby, Lalamallsg & Lalamallkr 創辦人

「不只是動物」音樂及藝術企劃

// 連倩妤

> 作品表面是在説一個簡單的動物故事，其實是在訴説人生。

整個音樂企劃是由我和音樂人 Michael 打算共同創作一張專輯開始。他先寫了一首歌，聽了旋律後，我發現並非典型廣東歌的曲式 ABCACD，整首歌幾乎沒有重複部分，令我想試試以新的寫作手法去創作歌詞。

與此同時，因為工作關係，我發現自己遇見的人和事，都是很好的故事素材，於是我把不同的故事融入旋律當中，希望説出一個又一個的故事；整合過後，便成為這個企劃的第一首歌，亦即「不只是動物」企劃的起點，作品表面是説一個簡單的動物故事，其實是在訴説人生。

五個故事和音樂作品各具不同的主題，例如放下及前行、人與人之間的競爭和比較、生命的完整與殘缺、擁抱自己的不一樣、內觀的重要性、面對逆境的心態等。通過這些故事和音樂作品，冀望療癒人心，給予讀者或聽眾另一個角度去看人生，就算經歷苦痛卻依然相信希望；讓讀者或聽眾反思如何面對困境和負面情緒，提醒自己何時何地也有選擇；最後希望大眾關注社會的弱勢社羣（尤其 SEN 及情緒受困擾人士），用同理心對待及支持他們，在適當時候主動關心及伸出援手。

五首以動物故事為主線的音樂作品完成後，再有其他的藝術工作者應邀加入創作團隊，運用他們不同的專長，例如：舞蹈、插畫、沙畫、寫作等去回應主題，令故事更立體更有趣。

感謝 Michael 的信任，給予我天馬行空的機會。感謝所有默默支持和鼓勵我創作的家人和朋友，陪伴我一起成長的讀者和聽眾、有份參與這個企劃的合作單位、一直與我同行的工作夥伴們、作者、插畫師、出版社、排舞師、舞者、賜推薦序的朋友等等，當然還有我的填詞啟蒙老師甄健強、在我生命中出現過的你和你和你，以及很多可愛的小動物。

除了感動，還是感動。

邀請大家進入這個「不只是動物」音樂及藝術企劃，希望大家喜歡當中的作品。指教。

斷尾蝌蚪

——我還有選擇

從前，有隻生活在池塘裏的蝌蚪，他聽聞有一個烏托邦，那裏有吃不完的食物，沒有任何敵人和危險，所有動物都可以生活得無憂無慮，自由自在。他非常嚮往，每天都憧憬着可以在烏托邦裏生活。

一天，同伴緊張地告訴蝌蚪：「今晚會有一顆流星掠過，只要你游近水面，流星掠過的一刻馬上跳起來，便可以坐上流星，讓它載你到烏托邦去。」

蝌蚪興奮得很，每隔幾分鐘便游到水面去看天空，惟恐錯失了遇上流星的機會。結果，蝌蚪變得太疲累，黃昏時分，他已經睡着了。

醒來後，蝌蚪發現同伴全都走光，只剩下自己一個。他非常內疚，怪責自己，又很悲痛，知道以後不能再見到同伴，餘生只好孤單地生活在這個死寂的池塘裏。

每次想起自己和同伴的快樂時光，蝌蚪都會傷心痛哭。這都是因為過往所犯的錯誤而導致今天的後果，他必須負上所有責任，就像犯下彌天大罪必須受到懲罰一樣，他只可以留在這個死寂的池塘裏孤獨終老。

他想，假如可以游到水底被泥沙埋葬，或是一睡不醒的話，也沒所謂，反正生死都是他自己的事，反正他對未來已沒有絲毫希望。

黃昏時分，蝌蚪游上水面，看見美麗的夕陽，呆望了很久，心想：雖然不能到烏托邦，但若長成青蛙，離開池塘，自由自在地在陸地上生活，呼吸清新空氣，欣賞園林景色和夕陽，也未嘗不可。

掙扎了好一段日子，蝌蚪又想：與其一生終有一死，倒不如在死之前嘗試改變現狀？既然我已經沒有什麼可以輸，何不跳出水面，起碼在死之前可以嘗試呼吸，欣賞陸地？

於是，他游近一塊尖銳的石頭，忍痛切斷自己的尾巴，最終成為青蛙跳出水面。

那是個狂風雷暴的晚上，四周漆黑，偶爾傳來巨響和亮光。明明留在水底，可以享受風平浪靜，此刻他卻害怕得瑟縮在草叢裏，懷疑自己是否做了一個錯誤的決定，於是戰戰兢兢地度過了這個晚上。

雨停了，風也停了，青蛙看見自己身處在茂密的草叢，聞到一陣陣青草味道。一束光線從隙縫中穿透過來的瞬間，他忽然有種重生的感覺，他肯定自己：原來我沒有選擇錯誤。

雖然我曾經錯過，

但是，我還可以選擇，

原來，我還有選擇。

斷

作曲：Michael Luk

作詞：連倩妤

編曲：Michael Luk & Frankie Yip

監製：John Laudon

湖裏蝌蚪從平淡找到安穩　想像沒天塌地陷
囚禁水中無愉悅悲痛之分　孤獨夢醒再偷生

游到水底來逃避苦澀哭聲　水或淚不去辨認
潛進低窪泥濘內失去蹤影　一睡願不再甦醒

曾錯過了流星　湖水叫醒　往昔錯的決定
吶喊無言無聲　形單隻影　邀請誰聽

仍介懷　難釋懷　難清洗骯髒氣味
原諒不了還厭棄
無了期　如歹徒　留守於監倉禁地
懲罰一世才有理
如能前行一里　原來園林更美
與其歎氣　靠勇氣　去斷尾　進化更可喜
誰能仁慈讚美　以寬恕結尾　更加了不起
過的已過去　記都記不起

蝌蚪執著遺留下尾巴半段　哀悼後一刀兩斷
如今重新過便算　天地大得欠開端

園裏青蛙祈求着一世安穩　經歷着天塌地陷
仍會廝守園林即使多震撼　是無奈但吸引

我們都曾犯錯

// 連倩好

我用《斷》這首歌
說了一個不能 let go and move on 的故事。

曾經遇過一位受情緒困擾的案主，因為過往犯的錯，感到懊惱痛苦，不斷自責自己如何愚笨，不斷反問自己為何會犯下那個錯誤，太多的內疚導致他陷入深淵，無法自拔。

對於過往曾犯過的錯誤，很多人會愧疚一輩子，甚至絕望至無力前行。試問人誰無錯，錯又如何？蝌蚪反復怪責自己曾經犯錯，未能放下過去，不能釋懷，以致原地踏步和遲遲不能前進。假如蝌蚪繼續執著於自己的尾巴（過去），又如何能成為真正的青蛙？假若我們永遠記掛着過去的傷痛，又如何面對和迎接未來的人生？

在這首歌 / 故事的結尾，青蛙經過很多掙扎，終於鼓起勇氣，忍痛切斷尾巴，寧可捨棄身體的一部分，也要放下過去，可見其決心。然而，當他初次抵達陸地，偏偏又遇上狂風暴雨，相比以往在池塘孤獨平淡的生活，那時起碼擁有「安穩」，他開始懷疑自己做了錯的決定。其實由他決定離開舒適環境開始，便意味着需要面對種種挑戰。

人生往往事與願違，在現實生活中，從來沒有人可以擔保一生一帆風順事事順利，風平浪靜。

然而當青蛙看到樹林隙縫間的一束光線時，他感覺到重生，領略到如何用另外一個角度去看待不如意的風浪，開始懂得欣賞歷練，從中學習，那種頓悟又何嘗不是另一種「成長」、「進化」或「生命蛻變」？

我們曾經犯過錯，曾經心碎，曾經懊悔，但願我們都可以接受自己的不完美，有勇氣斷尾放下過去、放過自己、經歷重生。

放下，放不下

// 連倩好

擁抱自己，
帶着「過去」好好活下去。

關於傷痛和放下，我想起韓麗珠的小說《人皮刺繡》，以女性角度細膩地描繪人與人的關係和傷害，大概因為自己從事心理治療工作，對於有關創傷和療癒的書籍都特別感興趣，而且自己和小說裏的「我」的職業有類近的地方，也特別有共鳴。

小說裏的「我」是一位刺青師，工作是聆聽客人的「故事」，再將其轉化成圖案，刻印在客人身上；刺青其實是在身體上製造疤痕，通過傷害自己，感覺痛楚去帶走一些心靈的傷痛，把埋藏着的無形創傷和痛苦揭露出來，具體呈現於身體表皮上，讓痛苦被看見，繼而釋懷。

輔導員的工作同樣也需要與當事人建立信任關係，專心一致地聆聽他們的「故事」，與他們同在。他們通常覺得自己的故事「充滿問題」，其實「他們說，輔導員聆聽」的過程本身已具備治療果效。在敘事治療中，陪伴及協助當事人檢視他們「充滿問題的故事」，例如失敗、絕望、哀傷、可悲等，從中發掘「意義」，從而發展成另一個故事。過去已過去，是鐵一般的事實，沒有人能改變，但是只要當事人對自己或自己的生命有新的理解和評價，又或是對自己的生命歷程賦予新的意義，從而接受自己的「過去」，讓情緒困擾的情況得到舒緩，已可以達到治療果效。

對於過去，「放下」對我來説，是下一步，第一步是讓當事人擁抱自己，帶着「過去」好好活下去。

放下為樂

// Eunice

用心領悟曾經出現在你生命中的人與事，思考它們如何造就今日過渡性的你。

情緒困擾似乎是種都市病。作為都市人，在生活或工作上，多少都經歷過走不出困局的感覺。負面情緒一般都帶着自責、憤怒和埋怨。

每當人生感到困惑時，或會有感失去了「真我」，繼而再問自己「真正的我要往哪裏去？」、「我是誰？」等問題。

現在的你必然是由以往的你演變而成，就是過渡性的你，然後會成為將來的你。如果大家都同意以上「我」的形成，應該也會同意並沒有一成不變的「我」，只有不斷轉變的「我」。因此，我非常同意變幻才是永恆這個道理。

我們之所以對現在感到不安，是因為我們正尋找停留在過去的我，而這個「我」或「他」在當下已經不存在。至少，今天的你一定比以往的你經驗豐富。

要解決眼前的困局，並不是尋找以往的你，而是要放下現在的你，迎接未來的你。人生有苦有樂，有起有跌，這是規律，無人能夠違反，正如我們不應期望苦瓜變甜，而是認真品嚐和體會苦瓜的苦，才可嚐到甘的滋味。

無論人和事，箇中是苦是樂，皆由我們的情感先把事件歸類，再以理性作出分析。眼前看似困局，它可能是個機遇或樂事；可是我們的情感往往阻礙我們真正品嚐困局的苦，從而迎接真正的樂。

若要自責和埋怨，倒不如學懂放下，用心領悟曾經出現在你生命中的人與事，思考它們如何造就今日過渡性的你。人最強大的時候，就是放下的時候。沒有放下，就不會有機會長成更強大的你。

忘記過去？

// Mary

「忘記過去」，不一定是真的忘記過去，
更準確的，是一個不斷放下然後繼續前行的過程……

說到「忘記過去」，這個世界總是有些人，非常善於「忘記過去」。他們並不是因為有任何生理因素而善忘，純粹只是性格的關係。上星期才和好朋友吵架，這個星期已忘記當時為何會如此生氣；再過幾個星期，有關之前爭執的記憶，甚至可以灰飛煙滅，不見蹤影。又例如昨天在工作上遇到同事的無理攻擊和中傷，以致被上司召見審問，當晚還約了閨蜜出來飲酒傾訴，聲淚俱下地訴苦；但今天早上醒來，依舊輕鬆愉快地上班工作，將昨天發生的事情拋諸腦後。

相反，有些人腦內好像裝了一部無限記憶體的電腦，對身邊重要的事總是記憶猶新，十年如一日。過往每個善待或者惡待自己的人，對自己講過的說話和做過的事，各種生活和工作上的點點滴滴，都會成為這些人「想當年」的話題，或是放空時在腦海一直浮現的片段。

擁有這類特質的人，如果思想比較正面，很可能會生活得非常幸福美滿，因為他們總能以人生許多正面的回憶，作為力量和支持，當遇到人生的不如意或困難時，只要回想這些片段，就能得到鼓舞，帶着力量前行。然而，思想能如此正面的人，似乎並不多。

如果這些記憶型人士較多負面思想時，就很容易成為一個情感上過得很辛苦的人。無論是遇上不如意的事，要由低谷重新站起來，抑或與一個人關係破裂，要自我修復及前行，對這些人來說都非常困難，而過往的痛苦回憶，甚至會成為使這些人無法入睡的惡夢。

那麼，你想做哪一類人？

善忘型？

記憶正面型？

還是記憶負面型？

如果能夠選擇，相信很少人會選擇「記憶負面型」吧？

但偏偏在現今社會裏，「記憶負面型」的人卻佔大多數。面對城市生活的工作壓力、擠迫的空間、動盪的政治環境、生態惡化、天災人禍⋯⋯近年坊間出現很多書籍、工作坊、活動等等，都是提倡「正向心理學」。大家各施各法，不外乎希望讓自己的人生過得開心一點，平靜一點。

我絕對是個典型的「記憶負面型」的人。

我曾經非常羨慕那些善忘型的人，總是可以活得開開心心，能夠忘記人生很多不如意的事；也會羨慕那些記憶正面的人，總是能夠記住人生中的好人好事，擁有美好人生。但我們這些「記憶負面型」的人，要如何於這個根本不會順風順水的人生中自處呢？以下是我的一些體會及建議：

1. 擁抱負面感受及回憶，明白這也是人生寶貴的一部分；
2. 將每段人生的負面事件，看為成長及學習的機會，讓自己不斷成長；
3. 明白世界與人性都沒有絕對的好與壞，我們也不是完美的；
4. 記錄、放下及前行，期待人生還有更美好的事情在前方。

成長，我的難關是父愛……

// 周冠威

年少時一直放不下的，是對父愛的渴求，很想父親陪伴我玩，很想有父親成為榜樣，很想父親與我傾訴，很想，很想。

我就是執著於，我沒有一個符合我理想的父親。上有兩位哥哥下有妹妹，祖父母同住在家，母親忙於家務、父親忙於工作，成長於大家庭的我，心靈卻像一個孤兒。

孤獨感是可以殺死自己的。

在中學四年級，家變的醞釀、公開考試的壓力，我再壓抑不住孤獨感，要反抗，要爭取，對於我不滿意的家庭、我不認同的考試制度，我不理解的人生與存在，我要找出意義，我要找到愛，否則，我有機會走上絕路。

一向算是品學優異的我，竟然交上另類白卷，在試卷上只寫下 Alfred Hitchcock、Martin Scorsese、*Vertigo*、*Psycho*、Radiohead 等等我喜愛的電影戲名、導演名、樂隊名、歌曲名。電影與音樂，是我賴以維生的麻醉藥。班主任發現後，立即前往禮堂，尋找正在應試的我，放低一張紙條，寫着：「考試後要見社工！」

我從來沒想過見社工，事後回想這也是求仁得仁，想有人關注自己。得見社工，我心暗暗大喜，終於有人想了解我。社工以為我失戀，也懷疑我有精神病，我笑着否認，然後分享對學校、父母、生命的失望，想過離家出走，想過自殺。經社工開解，我知道我最渴求的，是與父母溝通，尤其是極懼怕情緒表達的父親，我向社工說：「我覺得我從來冇同爸爸傾過偈。」

接納社工建議，我將想法告之父母。母親沒有正面回應，只答應我，會要求父親安排時間好好與我溝通。

父親被母親推入房，說有一小時慢慢講。房間只餘下我與父親，我們尷尬非常，久久未能開口說話，我期待已久，等待父親先開口，畢竟自己的心聲早已交代了，父親最後竟然只說了一句話：「你阿爸係男人丫嘛，唔係好識講嘢……你明㗎啦！」然後立刻起身推門離開。

房間再次只餘下我孤獨一人。但是，我情緒穩定，感受很奇怪，心裏說了一句：「我真係明！」我沒有想像中失望，見父母不懂應對，看到父母的不堪，反而好像放下心頭大石，好像真的明白了，覺得父母不能立即改變，甚至有些自傲，自己這次終於主動爭取過了。

那幾年，我每日都在看電影，有一套是 1955 年的舊電影 *East of Eden*，令我哭得死去活來，故事講述 James Dean 飾演的兒子一直得不到父愛卻極力爭取，最後互相寬恕。對，就是寬恕，電影教曉我用另一個角度看父母，我心裏開始為父母說話，因為父母也無人教導他們如何去當個好父母，其實他們也很無奈，自己成長同樣缺乏愛，他們怎有能力去愛我？

成長，我最大的突破，是放下對父愛的執念！

寬恕，同理心，放過父親，也同樣是放過自己，這次與父親的會面，再加上這套電影，就像一個成人禮，使我告別孩子，成為一個成人！

多年之後我才頓悟，電影就像我的生命導師，教曉我很多功課，陪伴我成長，電影成為了父親的角色，因為電影，我得到愛，電影也成為我一生追求的理想，我的存在意義。

斷尾

//連倩妤

阿怡的笑容很好看，看着她發自內心的開懷大笑足已令我快樂，有時，我會問自己，那種打從心底的「她快樂所以我快樂」，是感情還是愛？那麼多年來待在她身邊，真的沒有非分之想嗎？是無私還是自私，是痛惜，是守護還是放不下？我不清楚，畢竟，除了她以外，我沒有跟其他人認真談過戀愛，但我希望她幸福快樂，而我知道我可以做的，僅僅只是在她需要時陪伴她。

今天約了阿怡，我們見面的原因大都是因為她和他發生了一些事情，想找我傾訴，小事如吵架，大事則是被背叛和鬧分手。有時，她的眼淚失控得像決堤的流水在臉上滾下，也有時，當她不同意我的「不全面」或「不正確」的批評和見解，我們會發生衝突，最終導致冷戰。那麼多年來，我還是手足無措，不知如何是好。所以，每次見面之前，我總是忐忑不安的。

「樂！今天很忙，開會延長了，對不起。」她忽然在背後拍我膊頭。

「加班是正常的，你不是說過，當建築這一行，不是忙死就是餓死嗎？」我說：「我預先點了你最喜歡吃的魚湯米線。」沒見她幾星期，她的面頰明顯地消瘦了。

「謝謝你，還是你最懂我。」她看着桌上的食物，微笑說。

「還好嗎？」我問。

「工作還好！」她看看我，皺了一皺眉說：「但是，和他……不要問啦！」

我大概猜到發生了什麼事，其實，這麼多年來，阿怡和他，反反復復，分手又復合，全是來自第三者的介入，故事沒有改變，只是第三者的名字不斷轉換。阿怡是一個聰明、理性的人，不會執迷不悟，做事爽快決絕，不喜歡拖泥帶水，更不會忍聲吞氣。當我聽見她無數次的抱怨和心傷，看過她不少次淚流滿面，經歷種種失望和傷害後，阿怡竟然還在跟他糾纏，我想不通究竟她是好勝，是不捨，還是什麼原因，或許，其實我不理解她，不理解愛情。

我頓了一頓，隨意拿出手機，想起阿怡到達前我在播的歌，試圖轉換話題說：「近來，我聽了一首歌，」遞了手機給她說：「叫做《斷》。」

她看着手機屏幕的青蛙說：「這 album art 讓我聯想起一隊英國樂隊！」

「Coldplay ！」我們對望，異口同聲地說，遇見一個和自己心靈相通的人是一種幸福。

「歌和青蛙有關嗎？」她好奇地問。

「對，故事是關於蝌蚪變成青蛙，抵達陸地之前，必須選擇忍痛地捨棄尾巴。」説畢，我倆對望一下，大家都發現尖鋭又敏感的位置。

靜默兩秒後，阿怡半開玩笑説：「這個不符合科學根據！」明顯地，她已預料到假如我們繼續討論蝌蚪「如何斷尾」，必定會觸碰她和他的糾結關係，過往我們的紛爭，都離不開這個話題，為避免尷尬，甚至發生爭論，她比我早一秒轉話題，這是我們不言而喻的默契。

「你知道嗎？中學時代，因為要做青蛙標本，我曾經養過蝌蚪，」她理性分析道：「根據我的科學知識和經驗，青蛙是完全變態物種，在成長過程中，蝌蚪的尾巴會退化，然後縮短的，不是斷開的，蝌蚪變成青蛙是必經階段，何來選擇？」

「現實生活中，蝌蚪的確不能選擇斷尾不斷尾，然而，人類可以。」我忍不住説了這句，但一秒後便後悔，我們都默然不語，只好低頭滑手機，在被鎖定的全黑屏幕上看到自己的倒影。

我在想，或許，衝口而出的話，不一定是對他人説的。

毛與鱗比

——珍惜每一次相遇

貓和金魚在同一屋簷下，備受主人家明的寵愛。家明上班後，他倆便閒聊起來。

「我的鱗片閃亮耀眼，游泳時的我，優雅又高貴。」金魚神氣地說。

「我的毛溫暖又柔軟，毛茸茸的我最可愛。」貓邊舔毛邊自我陶醉。

「家明放工踏入家門，第一時間走到魚缸前看我，給我魚糧。幾年前他帶我回家時，你還不知道在哪兒。他和我感情最深，愛我最多。」金魚沾沾自喜。

「人類的時間是最寶貴的，因此，陪伴就是人類給寵物最奢侈的禮物。家明每天幫我梳毛、剪指甲、換貓砂、撫摸我頭和下巴、還陪我玩耍，他給我的時間最多，最愛我。」貓仰起頭，一副自豪的模樣。

每天，貓和金魚你一言我一語議論着，沒完沒了。最後，貓懶理金魚，緩緩地躺在陽光灑落的地方，閉眼便睡。

黃昏時，貓睡眼惺忪問：「家明回家沒有？」

「沒有，他加班吧！」金魚淡然回答，暗示叫貓別要大驚小怪，貓倒頭再睡。

一覺醒來已是第二天早上，貓在全屋來回走了數十遍，試圖尋找家明，卻還是不見他的蹤影。

「不用找了，我整晚看着門口，門沒有開過，家明沒有回來。」金魚故作冷靜，心裏卻非常擔憂，家明從未試過一整天不回家。

貓疲憊地躺下，失落地盯着門口。

又過了兩天，貓按捺不住，叫嚷着：「已經三天沒有吃東西，肚子很餓。」

「我也是。」金魚苦惱地在水裏亂游，突然靈機一觸，大叫：「我想起了，家明把貓糧放在牆上的櫃裏，嘗試跳上去取吧！」

「櫃太高了，我怎能跳上去？」貓很懷疑。

「櫃比桌子高一點點而已，你可以的，試試吧。」

貓使勁跳了幾下，可是，還是差一點點，金魚提議：「可否先放一些東西在地上，再從那兒跳上去？」貓一臉猶疑，金魚鼓勵說：「再試一試，不要放棄。」

貓眨眨眼睛，運用九牛二虎之力，把沙發上的軟墊推到櫃旁，深呼吸，好不容易，終於成功跳到櫃上，順利推倒貓糧，二話不說只管狼吞虎嚥，完全忘記餓得發抖的金魚。

貓吃飽後才想起金魚，急忙走近魚缸問金魚：「你還好嗎？」

「很餓。」

「我馬上替你找魚糧。」

「不用找了，魚糧已經吃光，家明離家之前，答應會買新的回來。」金魚沮喪地說。

「家明快回來了。」貓聽了更着急，卻盡力安慰金魚。

「我怕我等不到他回來，已經餓死了。」金魚感到絕望。

「幸好你胖胖的，身體的脂肪足夠提供熱能，維持生命。」貓裝出一副嬉皮笑臉，但眼淚一直在流，心裏清楚知道，金魚在沒有進食的情況下，只能存活三天至一星期，即是，金魚隨時會失去生命。

忽然，貓頓悟到自己的渺小，以及生命的脆弱和無常。回想過往和金魚的爭吵、議論和比較，原來是如此無知又無謂的事。

一直以為，成為世界之最（最美最可愛最得寵最優秀）就是無與倫比，原來在危難時，懂得守望相助，才是真正的無與倫比。

貓想向金魚道謝，感謝他在困境時伸出援手，一直鼓勵他，為他打氣。

正想開口，便聽到金魚發出微弱的聲音：「我離開世界後，你要好好照顧自己，好好陪伴家明。」他叮囑着，像交代身後事似的。

「先休息一下，儘量不要消耗能量。」貓愛莫能助，除了這建議，再說不出安慰的話，僅僅以眨眼睛來表達支持和鼓勵。

為了讓金魚安心，貓默默地躺在魚缸旁，不時擺動尾巴，對金魚示意他一直都在。

貓想起過去和金魚的平凡小日子，沒多久將成為回憶，貓很難過，不敢想還剩餘多少相處的時間，此刻，貓只想珍惜餘下陪伴彼此的一分一秒。

忽然，傳來「咿咿」的推鐵閘聲音，有人扭開大門。

毛與鱗比

作曲：Michael Luk

作詞：連倩妤

編曲：Michael Luk & Frankie Yip

監製：Michael Luk, Frankie Yip & Alison Li

雪白毛色已具氣派　自命叛逆還極怪
臉上純真慣被愛戴　慢慢步入懷讓尾輕擺
蓋着鱗片化做鑽戒　亮麗奪目誰跪拜
隔着流水透視世界　靜待落日沉下再分解

怎麼一世在鬥　醒覺沒有
像那魚跟貓　拿鱗和毛怎比美醜
試想想　爭拗未夠　比拼未夠　怎可挽手
愚昧到浪費那剛好的邂逅
(位置鬥先後　劇鬥算荒謬)
(一無所有)

路過單眼亦擺尾　友善怎算厚面皮
還朝夕相對　門內守護一起
沒有比較被寵愛　也沒比較瘦或肥
平等沒差距　同樣難敵福禍生死
連病也難以逃避　何用來比　賣相怎樣優美
忙着鬥無與倫比　忘掉誰跟你　路過不斷打氣
該發現曾經偶遇原本也是個傳奇
就似貓跟魚找到相處趣味

誰為面子拚命競賽　歇斯底里忘掉愛

誰為面子拚命競賽　墮入陷阱忘掉愛

被困在末日世代　備受敬仰但未志在

地位身分　原來無需愛

一再比　人生會否更精彩

為什麼要比較？

//連倩妤

有一天，監製向我分享一則生活瑣事。他在地鐵車廂內看見一位乘客躺在地上，挨着扶手睡着了，顯然他很疲倦，旁邊一羣女學生不但沒有給予援手，反而對他評頭品足，甚至在背後取笑他。監製見狀便上前扶起他，還帶他離開車廂，到車站休息。

監製回想那個情境，依然非常生氣，問我：「她們的良心和同情心跑到哪兒去了？」回家後，我的腦海便浮現這個關於比較的故事。

「無與倫比」這個成語本來是指事物完美，沒有什麼能夠跟它相比。我則用「毛與鱗比」（毛和無同音，鱗和倫同音）來訴說關於金魚和貓的故事。

起初，他們互相比較，每天爭拗，不是比較外型，便是比較誰比較得寵；但後來，因為主人沒有回家，他們被迫捱餓，甚至在生命的盡頭時，才發現過往的比較和爭拗，既無知又無謂。

貓和金魚是獨一無二的寵物，他們各有美態和長處，同一屋簷下，同樣都是被主人所寵愛，為什麼要比較呢？是為了面子，抑或為了要優勝過別人呢？是要做世界之最嗎？回想起人的世界，因為比較和競爭，導致很多衝突和戰爭，真的有需要嗎？

這個故事繼而讓我反思到當下面對的事——2020年的新冠肺炎疫情。這場全球大瘟疫幾乎讓全世界停頓，不計對社會、經濟和民生較宏觀的影響，單單看一般小市民如我，每天面對未知和恐懼，自己是否染病，是否需要隔離，甚至會否失去生命等等。要是生命也非掌握之內，所有競爭、比較、面子、勝負等其實都是沒有意思的。

記得波蘭戲劇大師Grotowski曾經訓練一班學生，要他們在一房間裏不斷做任何動作或運動，無定向喪心病狂地跑，有人用無奇不有的方法跳，一個多小時後，他們已累得快要放棄時。訓練期間，學生不可對話，只可以眼神接觸，原來當你看見同伴不斷努力，足以能勉勵你堅持，而那個眼神亦能給予你無限力量，比起那些「加油」的勉勵説話更能驅使你，繼續前行，相信就是同行的力量。

這些讓我聯想到金魚和貓的相處，與其每天爭拗，不如珍惜對方。他們同處一室，一個四目交投，一個眼神，一個點頭，一個擺尾，也足以成為支持對方的形態。他們可以互相守候，默默鼓勵，不是更有價值嗎？

説到底，我希望藉着歌詞和故事來帶出「珍惜每一次相遇」，哪怕是最純粹的擦身而過。

獨特的可貴

// Eunice

獨一無二往往都是最寶貴。

指紋時刻提醒我們是如何獨一無二，世上沒有重複。獨一無二往往都是最寶貴。諷刺的是家長均喜愛將自己獨一無二的子女塑造成跟人家的孩子一樣。

家長往往將自己的子女與「他」、「她」甚至「它」比較，選取這些「他、她」，都是年齡相若的孩子。若你的伴侶將你/妳與其他朋友的妻子/丈夫比較，選取條件只是年齡相若的已婚人士，你/妳的第一反應大致是大聲叫道：「怎是一樣！」、「不能比較！」。家長將子女與其他孩子作比較就等同將橙和蘋果作比較，選取原因是兩者都是水果；我的兒子和鄰家的兒子作比較，因為他們都是人類！當孩子對已報讀的興趣班已不感興趣，家長還是堅持要繼續，因為「人人都有」。當家長集中探討如何達到社會眼中的應有水平，可有反問自己為何要人人都有，我的子女就要有呢？當他們嘗試以意義為本的提問方式，反問自己為何有這個想法時，便會發現答案都離不開「想佢地大個有份好工，唔使咁辛苦，開開心心。」花費多年裝備子女是否能保證他們「有一份好工，唔使咁辛苦，開開心心」，這是未知數。

但當下要求子女參加完全不感興趣的活動，使他們無法享有自由自在及具滿足感的童年卻已成事實。

人天生好奇。你看看幼兒對周遭的人和事的好奇心都是自發，毋須他人加以鼓勵。隨着幼兒長大，對求知的熱誠大大減退，甚至抗拒。近年我觀察到本港幼童玩樂高積木時，他們第一個任務不是設法用積木建構出他們所想的東西，而是尋求説明書！當他們發現沒有説明書，便對玩意失去興趣。完全不在乎，甚至完全沒有想過自己創造的可否超越預設的樣版。

相反，他們認為能砌出跟樣本一模一樣的才是成功。這不就是家長對教養子女的取態嗎？人人都是這樣，我必然也應該是這樣。家長和孩子都忘記了個人獨特的可貴。反而覺得愈似大眾愈理想。返回當初家長回答「人有我有」的初衷：「想佢地大個有份好工，唔使咁辛苦，開開心心」，當子女連自己的獨特性都遺忘了，何以令自己別具一格，突出個人特質取勝呢？難道跟他人一樣在現今社會下會更有優勢嗎？如何將一塊石頭放在對的地方，讓它綻放光芒，成為受萬人欣賞的寶玉，而非放在錯的地方，遭人們忽略，成為絆腳石，值得大家深思。

要比？和自己比吧

// Mary

要比較，要競爭，便和自己比吧。

這次企劃的五個故事中，讓我感受最深的，相信便是這個故事了。

比較，似乎是我們與生俱來的喜好，人的感官本身已非客觀，而是以比較為基礎，是相對性的，由溫度、味覺，到情緒、關係，都是靠不停比較而來。

這樣的特質，加上我們的文化及教育系統，便變成了競爭，讀書時要爭考試名次，工作時要爭取升職機會，甚至連我們的不同嗜好，也可以演變成為不同的比賽。

這就是我們的文化。與人比較和競爭，好的是促使我們保持競爭力及不停追求進步，但反面影響是帶來人際間的妒忌和勾心鬥角。

2017 年紅極一時的宮廷鬥爭劇集《延禧攻略》之所以如此流行，其中一個原因，便是讓很多人找到內心深處的一份共鳴。無論是看着女主角被陷害時的那份不忿，還是當她以充滿智慧的計謀為自己解圍，甚至報復的暢快，不就是我們面對很多辦公室政治、社會的爾虞我詐，甚至人際關係的勾心鬥角的情感投射嗎？

自小活在音樂世界的我，同時亦代表了長年活在這「毛與鱗比」的鬥爭戰場中。讀書時期參加一次又一次的音樂比賽，勝出時自滿，輸掉時會躲起來哭，然後怪罪評判不公平。參與電影工作時，由於被導演安排了較多的戲份，而被部分演員排斥；長大了一點時，參與一些演出團體，亦會經歷着團內其他人的説三道四，甚至惡言攻擊，爭着哪一個成員比較受歡迎，獨唱的角色由誰擔任等等。

在這一路走來，回望年少時的自己，有時會有一種嘔心的感覺，看着小時候那個參與那些爭競的自己，無論真正做出爭奪和攻擊行為的是哪一方，其實我們都躲不開一份由與人比較而來的妒忌心與不安全感。其實我們追追逐逐，想要追求的，都是一份自我存在感與自我價值。我們的個性傾向以及成長的文化都教我們，要用比較去尋找自己的價值，因此，我們便要讓自己比其他人有價值，才能感受到自己的價值。那是多麼可悲！

雖然，在社會中我們的確需要面對很多比較和競爭，但這些競爭的成敗不應該成為我們界定自己的價值指標。就像唱歌，雖然比賽的成敗、演出的機會是要爭取的，但事實上，每個歌者真的能夠如此簡單地被標記其價值嗎？

由唱歌的技巧、樂感、音準、節奏、選曲、咬字，到其演繹、感染力、台風、器材的配合，甚至當天的髮型、服裝、妝容、狀態……都要比對一番？

更重要的是，每個人的聲帶都是獨一無二的，這個世界沒有兩個人的聲音是完全一樣的，一個人的聲音，好聽不好聽，完全是主觀的判斷。有人喜歡沙啞厚實的聲線，也有人喜歡輕巧明亮的聲音，真的能作客觀比較嗎？

當我教學生唱歌時，我經常會説，我們要比較，要競爭，便和自己比吧。

今年的我，有沒有比去年的我進步了？聲音的控制有沒有更穩定了？音域有沒有擴闊了？對風格的認識有沒有增長了？演繹有沒有更豐富了？

每個人，總有自己的強與弱，好好發展自己的特質，與能和自己互相補足的人一同生活及配搭，我們才能一同勝出生命的競賽。

討厭自己的名字

// 周冠威

我的名字叫「冠威」，多年來一直討厭這個名字，好像我的人生，有個贏得「冠」軍，「威」給人看的要求。被教導要謙卑，名字卻自高自大；一生追求藝術，名字卻感覺庸俗，像極「勇冠全城」、「威上威」、「好利威」等賽馬馬名。但不得不承認，我是一個非常好勝的人，比較的慾望，贏輸的執著，是我不能擺脫的性格，這名字難堪地代表我的脆弱，代表我不想承認的自己。

不必要比較，我知道，我知道，但我不得不比較，控制不到，實在控制不到，渴求勝利，痛恨失敗。家族成員或多或少也曾與賭博結緣，可能是遺傳，我中學階段，也曾經偷偷地與同學賭錢，輸光零用錢，仍一直迫使那同學繼續賭，我不服輸的心態嚇怕了那同學，覺得我很恐怖，勸我不要再賭。感謝那同學的勸誡，我確實很有潛質成為病態賭徒，以後我不敢再賭，認識自己，接納自己的本相。應對的方法是先認輸，就是可以逃避的就去逃避。那次之後，我可算是與賭博絕緣。遠離爭勝慾望，就是我戰勝好勝心的方法。

可惜，活在高度競爭的社會，很多時候，比較是避無可避。

我是電影導演，電影是集體創作，也要配合宣傳，縱使我不情願，也要面對影展獎項的競爭。無錯，我是討厭電影獎項的。電影本不應該是場競賽，不是名利的追逐。電影是藝術，每一個人的美學品味，或是對每一個人的情感意義與價值，怎能用一個劃一標準去公平競爭？勝與負，同樣是假象！歷史上有很多優秀電影沒有獎項加持，又有很多平庸甚至差劣的電影獲得影展讚揚。但是，作為一個好勝的人，傳媒與觀眾充滿比較競爭的氣氛，實在難以平常心去面對，我像被迫進入一個困籠，被好勝心引起的負面情緒囚禁着，怕輸、不忿氣、討厭不公、沉迷勝利、充滿比較、妒忌、無奈、困擾……

逃避不了，唯有依靠意志。

曾經想過改名，不要「冠威」這名字，現在我會接納，我就是我，這名字好像時刻警惕我自己，要逃避好勝心的打擾，同時要轉化好勝為上進之心。每日我都希望成為一個更好的自己，不為贏過別人，只為贏到自己，承認脆弱、警醒面對、意志壓抑，就是我想賦予「冠威」這個名字的意義。

如果你是金魚

// 連倩妤

「家明回來了，太好了，」小魚讀完〈毛與鱗比〉的故事，感覺如釋重負，微笑對媽媽說，「金魚和貓都可以生存了。」

「總算鬆了一口氣。」媽媽回應，「假設家明沒有回來，假如你是金魚或貓，你會怎辦？」

「假如我是金魚，我會叫貓吃掉我。」

「你寧願犧牲自己？」媽媽驚訝問道。

「反正沒有食物，意味着，無論如何也逃不過厄運，我終究會餓死。與其白白等待死亡的來臨，不如讓貓把我吃掉來充飢，至少貓可以繼續生存，就算多存活一兩天也好。我覺得，這樣結束生命，起碼有建設性。」小魚大條道理的說，「而且，貓吃魚，也很正常吧！」

「但，你可以選擇當貓的角色喔！」媽媽說。

「我喜歡當金魚多一點點，我是小魚嘛。」小魚說。

「我想，我也寧願當金魚。貓吃了金魚後，肯定不好受，甚至因為虧欠而內疚一輩子。」媽媽說。

「假如我是貓，決定應否吃掉金魚必定很掙扎，而且會很難受，畢竟金魚是為了我去捨棄生命，犧牲自己。」小魚頓了一頓，繼續說，「我會非常感激金魚，然而，我不會內疚一輩子。我要為金魚好好活下去，永遠記住金魚，牢牢緊記金魚為我付出的一切。」

「相信金魚也希望貓好好活着，那麼，金魚的犧牲和付出才有價值。」媽媽說着，並點頭表示認同。

留下來的，要好好活下去，才算對得起甘願為別人犧牲的。

當刺蝟愛上氣球

——只要愛足夠

從前有一隻刺蝟，天生長得像隻小老鼠，但是全身長滿又尖又硬的刺，大家都覺得他很不一樣。除了外表，他的個性也很古怪，每當看見喜歡的朋友，他喜歡熱情地擁抱，但面對陌生的羣眾，又會變得沉默寡言，甚至躲在角落逃避別人的目光。

有一次，他和朋友們玩吹泡泡，不消一會卻把泡泡都戳破，大家都覺得很掃興。

又有一次，刺蝟在沙灘碰見小白兔和其他朋友，正當他興奮得一邊大叫，一邊熱情地跑去擁抱小白兔時，一不小心卻刺痛了她。

「好痛呀！你很討厭呀！我以後也不想跟你玩了。」小白兔哭着説。

自此以後，朋友們都很害怕刺蝟，看見他從遠處跑來，便立即紛紛躲避。

有一次，刺蝟路過公園，遠處看見小白兔在公園盪鞦韆，小白兔正想逃跑之際，刺蝟大叫問道：「小白兔，不如我們一起玩捉迷藏好嗎？」

「我……我……很怕你身上的刺啊！上次被你刺到，流了很多血，很痛啊！」

「對不起，我不是有心的，請原諒我，小白兔！」

小白兔還沒有等到刺蝟解釋完就已離開。刺蝟既傷心又無奈，唯有寂寞地躺在草地上看着天空，不知如何是好。

忽然，眼前飄過一個紫色的氣球，刺蝟心想：假如她可以陪我玩就好了。

「哦，很漂亮啊！不過，算了吧！我既古怪又討厭，根本沒有人喜歡我，氣球一定不敢飛過來，她怎會喜歡我呢？」刺蝟在自言自語。

隔了一會兒，氣球竟然飄近刺蝟，主動地和他打招呼：「你好，我是氣球，我們可以一起玩嗎？」

「你不覺得我的外形奇怪嗎？你不怕我身上的尖刺嗎？」

「我覺得你很獨特，你的刺也很可愛啊！」

氣球邊說邊飄近刺蝟。

「你千萬不要靠近我，你知道嗎？我會刺傷你，甚至把你刺穿呀！」刺蝟緊張叫道。

「有辦法，你跟我來。」

刺蝟跟着氣球走到公園另一邊，那裏是個兒童遊樂場，有鞦韆有滑梯，仰望上空，有很多用繩索掛滿的五彩繽紛旗幟。

「你看，地上有些剩餘的繩索，你可以用它來綁緊我尾部的位置，只要你抓着繩索，我們便可以一起到處遊玩了。」氣球對刺蝟說。

刺蝟微笑着照做，然後便牽着氣球一起在彩色旗幟下唱歌跳舞，又結伴盪鞦韆玩滑梯，還一起到河邊看魚兒。雖然刺蝟不能擁抱氣球，但是他可以隔空牽着氣球，到處跑到處遊玩。從此他們走過高山、沙灘和樹林，陪伴對方直到永遠的永遠。

只要有足夠的愛，總會找到一種方式相愛。

愛上氣球

作曲：Michael Luk

作詞：連倩妤

編曲：Pete Harvey

監製：Michael Luk & Alison Li

誰願親近　未怕尖刺盲目走近
被刺傷都憐憫　用背影暗示道別不需呆等

當氣球將飄近　即使動人　只配藍天與浮雲
哪怕狂奔　太夢幻又怎可成真
等氣球終飄近　輕巧像雲　足夠填補我靈魂
向你狂奔　發現臉上滿淚痕　刺痛哪可擁吻
原諒我的無心　誰笨到想將泡沫抱緊

會否甘願痛苦後　再將就　尖刺都接受
期盼今後去守候你左右　指尖用線綁就夠
從峭壁行出沙丘　用最短距離陪着走

誰願親近　互隔一線仍舊親近
你肯　隔空來吻　下半生　靠近靜靜欣賞黃昏

當刺蝟愛上氣球

// 連倩妤

這是一個關於刺蝟的故事，自 2018 年到過東京一家以刺蝟為主題的餐廳，初次接觸刺蝟後，便愛上了，覺得他們很可愛。

故事說到刺蝟愛上了氣球卻不能接近，礙於身上的刺（天生的缺陷），他擔心自己會傷害或刺破氣球。幸好，他們找到一個方法相處，所以最後一幕是刺蝟用一條繩子牽着氣球，感覺好像手牽手似的一起看夕陽。

透過故事和歌，我希望帶出，只要有足夠的愛，總可以找到相愛的方法。

故事源自一些案主，他們認為自己和普通人不一樣，常常懷疑自己能否去愛，自己有沒有資格去愛和被愛。

我時常跟他們分享我自己的「不一樣」，我想他們明白其實所有人都一樣，雖然大家都有一些「不一樣」，但每個人都有愛的能力和權利，希望他們可以勇敢去愛。

小記：曾經有一位朋友告訴我，刺蝟渾身是刺，只因心腸過於柔軟，怕受傷害。

求同存異 多麼容易

文／Eunice

差異的存在令到我們身處的社會更多元，更豐富。

自古以來，「異」被歸納為貶義詞。例如：奇異、怪異、異常、異類等。為什麼「異」總是帶給我們不好的觀感？

人類自古進化都是適者生存。要提高「適」的成功率，其中一個方法是接納與我們相符的人與事，排除非我族類。我們與生俱來就擁有一套「自我防衛機制」的本領。這套機制由出生的一刻開始建立，人生中經歷過的每一個甜、酸、苦、辣都一一記錄在案。這些帶給我們愉快感覺的人與事推動我們多加累積，因為過往經歷告訴我們這些都是「補品」，對我們有益。雖然未接觸過的人與事沒有為我們帶來不愉快的經歷，但我們在沒有強烈的動機下都不愛冒險。這個「機制」還有一種本領，就是為了讓外來的資訊符合已存在的經歷和想法，我們還會將這些資訊詮釋至近乎我們的期望，讓我們不需作出任何調整，以免身心受到衝擊，繼續享受心靈及認知上的安穩。當中最犀利的武器包括歪曲事實、以偏蓋全、非黑即白等。因此，排斥「異」的傾向就好像植入了我們基因，在情感的帶動下啟動。

上一世紀，全球人口流動沒有現時那麼普遍，資訊流通也沒有現在那麼發達。在全球一體化下，多元已是常模（norm）。若沿用適者生存的原則，要在廿一世紀生存，排斥「異」等同與時代脫節。要做到求同存異不可只靠忍耐，原因有二：首先，容忍是有限度；其次，只靠容忍，缺乏了解也難持久。

若套用在夫妻關係上，大家可能即時有所覺悟。若妻子只靠忍耐丈夫每天夜歸，只會帶着負面情緒直至忍無可忍。但若了解到丈夫因工作繁重而夜歸，即使夜歸情況未有即時改善，但妻子的負面情緒會因為多一份諒解，而多一份包容（包容比純粹情感上忍耐層次較高），才可有望解決問題。

其實不管「求同」或「存異」都要先了解，再包容。差異的存在令到我們身處的社會更多元，更豐富。試想想為什麼我們生活會覺得乏味，要到處尋找新地方逛逛、新餐廳試試？因為我們知道多元的可貴。試想想若你身邊的人都是一模一樣，你會有何感受呢？

我只是為你好

by Mary

無論我們與人多麼的親近，
都需要與別人有適切的距離和界線。

你試過深愛一個人嗎？我指的，不一定是異性的那種吸引，可以是深愛你的父母、子女、朋友等。

你又有沒有試過被深愛着？

當我們愛着身邊的人時，自然會關心他們，想了解他們，想他們好，在需要時給予幫助或建議。

但若對方不接受我們的幫助或是建議，我們會有什麼反應呢？

我們在給予建議或幫助時，所指的「為他們好」，又究竟是按着什麼角度與標準，認為我們所做的，必定是「好」？

有時，「深愛」一個人，與控制一個人，只是一線之差。

這些年以來，從輔導過的個案及唱歌學生中，都聽到過很多不同的故事。

一個讀中三的妹妹，每天放學回家，直至母親放工回家前，都不准留在自己的房間，必須坐在客廳中做功課和溫習。為什麼？因為她的母親在客廳安裝了閉路電視，時刻監察着女兒的學習情況。

有一次，當妹妹做功課時，用手機回覆同學的訊息，突然聽到母親責罵的聲音從閉路電視中響起，「我這麼辛苦上班養活你，是給你玩手機的嗎？這麼懶，將來你一定弄得我們都乞食！我現在對你這麼嚴，都是為你好！」

一位大學生告訴我，住進大學宿舍後，他經歷了很多人生的第一次。

「我第一次看電視，因為媽媽說看電視的人都沒有前途，不讓我看電視，就是想為我好。」

「我第一次擁有自己的小提琴，可以在宿舍練習。以前讀中學時，我都是在學校借用小提琴偷偷的練，因為以前把學校借出的小提琴帶回家，爸爸一見到便很生氣地把小提琴打斷了，說玩音樂的人都沒有出色，弄壞這小提琴，都是為我好。」

還有很多的第一次……

一個非常熱愛唱歌的年輕人，同時很愛錫自己的女朋友。可惜的是，他的女朋友並不喜歡他花心力時間在音樂上。

「我知道你覺得我顧着練歌，少了時間陪你。但你放心，我會做好平衡的。」年輕人在準備報考一個唱歌試時試着向女朋友解釋。

「總之，不准考，你陪我的時間少了已經是問題，更何況，玩音樂根本只是在浪費自己的錢和青春，我都是為你着想罷了！考這些試有什麼用？能夠改善你的收入嗎？」

「這是我真的很喜歡的東西，無論你理解不理解，希望你能尊重我，好嗎？我答應每星期會照常和你出兩次街的。」

「和我出街有什麼用？你根本不明白我的反對，都是為你好！你這樣的音樂水準，反正都不會成功的！」

最終，他們分手了。年輕人繼續努力尋找自己的音樂夢想。

以上的故事只是冰山一角，更極端的例子多的是，那些家庭虐待案件，犯事的人通常都是出於「為對方好」。

分享這些個案，並非為了製造恐慌，也並非叫大家不要關心身邊的人或為別人着想。

分享這些個案，是為了反思我們與身邊重要的人的關係。

無論多親密的關係，都必須有界線：

無論多親密，我們每一個人都是獨立個體，都需要對自己人生的每個決定及行為負責。

對身邊的人，我們可以給予建議、幫助，但對方是否接受，是對方的責任。對方因為接受 / 不接受我們的建議 / 幫助，而帶來的不同後果，亦是對方的責任。

我們亦要學習對自己的一切行為和情緒負責。

「都是你害得我這麼不開心！」

「都是你害的！要不是幫你，我就不會被上司罵！」

類似的說話，其實都不成立的。我們有責任為自己的感受和行為的結果負責。

我們覺得是為對方好，但一定是對的嗎？

我們是否真的認為自己的想法和意見一定是對的？

我們有信心，自己有足夠的資訊或見識，為人提供最佳的建議？

我們能夠確定，我們的想法一定是最好嗎？沒有其他可行的解決方法嗎？

坦白說，無論多年來幫助過幾多個人，給予過幾多建議，我相信就算最資深、最有經驗的輔導員，都不敢表示自己不會在個案介入中出錯。

無論我們與人多麼的親近，都需要與別人有適量的距離和界線。

刺蝟和氣球即使相愛，都需要找出適合他們的相處距離，以致能夠彼此無害同行。即使換成兩個氣球，同樣圓滑，沒有了刺蝟的尖刺，也不能無限量地走近。若沒有了足夠的喘息空間，兩個氣球擠壓在一起，也會有爆的時刻。

讓我們好好地對人生每一段重視的關係珍而重之，保持親密同時互相尊重，也保護界線。

愛的藝術

//周冠威

教電影課多年，其中一個課堂令我印象很深刻，內容是分析一套講述家庭關係的電影。課堂一開始，我問學生：「請你用一句話來形容家庭對於你的意義？」

他們的答案有「溫暖」、「睡覺的地方」、「提款機」、「快樂的泉源」等等，或正面或負面，歸納觀察後發現，近三十個大學一年級的學生，絕大部分的答案，背後都離不開一種意識，就是想在家庭「得到」一些東西，而不是「給予」。

這個問題的答案當然無對錯標準，但這個分析反映的是什麼？是年輕人認為無責任為家庭付出？還是未有愛的能力去付出？對家庭的愛仍然不被滿足？或者，先要想清楚愛是什麼？

愛，每個人都很渴求，但愛是什麼卻不是每個人都可以具體回答。年輕時的我一直都不明白愛情，我的初戀順理成章以分手收場，更可悲是經歷了戀愛，卻仍然不懂愛。

什麼是愛？家庭沒有教導我，學校沒有教導我，直至遇到心理學家佛洛姆（Erich Fromm）的《愛的藝術》（*The Art of Loving*）。書本形容愛情是一門藝術，是要長時間學習的一種能力，而不是一種感覺。

我和我的初戀情人，在家庭中都得不到足夠的愛，兩個沒有愛的能力的人走在一起，關係失敗確實難以避免。家庭，本來應該是每一個人，獲得愛的能力的基礎。嬰孩不停地接受無條件的愛，這是培養愛的能力的至關重要時期，心靈儲存足夠的愛，才慢慢學習有條件的愛，再慢慢學習如何去付出愛。兩個有足夠能力付出愛的人走在一起，才能成就成熟的愛情關係，建立新的家庭。這個順序是漸漸的，像學習藝術一樣需要很長時間，甚至應該是一生一世的功課。

給予愛之前，先要得到愛。

可惜，很多人成長於缺乏愛的家庭，難以得到無條件的愛。我們上一代父母強調服從的教育，目標就是要孩子聽話。我有位親戚經常沾沾自喜地分享，女兒在嬰孩階段經常哭鬧，他都不會立即擁抱她，要她停止哭泣才會擁抱她，藉此訓練她，擁抱是有條件的，讓她知道不哭才能得到擁抱。這種情況下成長的孩子，怎能有足夠愛的能力？她由嬰兒開始已經被拒絕，情感需要不被尊重，不要說去愛人，連愛自己都做不到。

家庭對於每個人的意義，不應該是學習服從，應該是學習愛與被愛的地方。現實中，家庭卻不一定有這種幸福，只能夠自求多福，努力找出自己值得被愛之處，由愛自己出發，不需要做到什麼，不需要有什麼條件，不需要別人愛你才能證明自己值得被愛，單單相信自己是獨一無二，自己的生命本是有價值，生命本是值得珍惜，懷着這份相信，然後不停學習，令自己成熟，認真做個好人，有自信、有知識、有積極、有關懷、有善良、有熱情——充滿生命力，就有愛的能力。再次重申，愛是自身人格成熟的問題，而不是對象的問題。

得到愛之前，先要給予愛。

佛洛姆說：「愛情首先是『給』而不是『得』。」當你有愛的能力，就可以用愛去換愛，用信任換取信任。「通過『給』，我才能體驗我的力量，我的富裕，我的活力。體驗到生命力的昇華使我充滿了歡樂——簡而言之一切在自己身上有生命的東西通過『給』，豐富了別人，提高自己生命感的同時，也提高了對方的生命感。『給』並不是為了『得』，但是通過『給』，不可避免地會在對方身上喚起某種有生命力的東西。因此『給』同時也包括了使接受者也成為一個『給』的人，而雙方都會因為喚醒了內心的某種生命力而充滿快樂。在『給』的行為中誕生了新的東西，『給』和『得』的人都會感謝這新的力量。這一點表現在愛情上就是：沒有生命力就是沒有創造愛情的能力。」

盼望我們都能夠充滿生命力，如果人生的意義在乎學習，要學習的，就是愛。

我有資格愛人嗎?

文/連倩妤

很久沒有來過尖沙咀碼頭，比約定時間早了十分鐘到達，正好可以觀賞維港燈飾，原來如此迷人。正當我看得入神，有人拍我，問:「先生，要買一個氣球嗎？」

我點點頭，心想：第一次約會女孩子，而且快到聖誕節，準備一份小禮物給小珊也正常不過吧！

接過氣球，腦海浮現一段以前聽過關於刺蝟和氣球的故事。

那隻刺蝟全身長滿又尖又硬的刺，外形古怪，個性更古怪，有時沉默寡言，有時熱情地送朋友擁抱，不小心便刺痛朋友，朋友都怕了他。

有一次，和朋友玩吹泡泡，刺蝟不消一會便把泡泡全刺破，朋友都覺得掃興。另一次玩捉迷藏時，因為過度興奮，刺蝟忘記自己身上長滿刺，飛撲抱住小白兔時刺痛了她，最後，他最喜歡的小白兔跟朋友離開了。

想起來，我像故事裏的刺蝟，同樣古怪，小時候被診斷患有亞氏保加症，個性內向，不善言辭，有時說了些話得罪了別人，有時因為聲線太大或奇怪行為嚇怕了別人，但一切都不是故意的。

年幼時我害怕見人，尤其陌生人，不是躲起來，便是逃避他們。記得有一年生日，媽媽為我在餐廳預備生日會，邀請了幾位同學與我慶祝，怎料他們還未到達，我已經哭鬧着要回家，説不出是什麼原因，但心裏非常害怕。

媽媽嘗試説服我，我二話不説便把桌上的食物全推倒在地上，再弄破所有用來佈置的氣球。最終生日會取消了，媽媽不理解我，以為我鬧脾氣搞破壞，生氣得幾天沒有與我説話，事後當我碰見同學們，他們的目光總會迅速移開，然後避開我，或在背後説我古怪。現在的我依然古怪，小珊會否接受我？

刺蝟的朋友離開後，他難過又沮喪地躺在草地上，看見一個氣球從遠處飄來。「氣球真可愛，假如跟我一起玩，多好。然而，漂亮的氣球怎會看得上我？氣球和藍天白雲比較相襯。」刺蝟自言自語地慨歎着。

我想：我怎能奢望小珊喜歡我，不可愛的我，有資格愛人嗎？配被愛嗎？

不久，氣球竟然飄近刺蝟，還邀請他一起玩耍。刺蝟心裏暗暗高興，忽然緊張叫道：「你千萬別靠近我，我會刺傷你，甚至把你刺穿呀！」

「不怕，有辦法的，」氣球説。「跟我來。」刺蝟跟着氣球走到公園另一邊，那裏是個遊樂場，懸掛着很多五彩繽紛的旗幟……

看見小珊從遠處慢慢走近，心跳開始加速，掌心也冒汗，曾經有一秒想過離開，立刻叫自己冷靜放鬆，腦海閃過故事的最後一幕——刺蝟牽着繩索，與懸浮在半空的氣球，一起欣賞夕陽。

凝視眼前的小珊，我深呼吸了一下，把氣球遞了給她說：「小珊，送給你的。」

「謝謝你，很喜歡這孔雀藍的顏色。」她溫柔回答着，用雙手接了氣球，嘴角微微上揚，視線一直沒有離開氣球。

假如刺蝟沒有刺

——別人喜歡的是一個真正的我

小刺蝟剛剛搬家，他以期待的心情來到新學校，打算認識很多新朋友。可惜事與願違，小刺蝟的外形與別不同，全身長滿了又尖又硬的刺，同學們都覺得他很奇怪，不想跟他走在一起。

看見小松鼠在吹番梘泡，小刺蝟興奮地走過去，卻不小心把所有番梘泡都刺破了，小松鼠生氣地說：「都是你，把所有泡泡都戳破了！」

小刺蝟說：「對不起，別生氣吧，不如我們一起去盪鞦韆！只要我用力推你，然後你便可以飛到很高很高的天空。」

小松鼠聽見可以玩鞦韆，暫且忘記剛發生的事。

小松鼠興奮地坐在鞦韆上，期待可以飛上天空的一刻，但當小刺蝟用力的推她時，卻不小心刺痛小松鼠的屁股，害她尖叫了一聲，連隨從鞦韆跌下，哭了起來。小刺蝟連忙跑去扶起小松鼠，小松鼠一邊推開小刺蝟一邊說：「很痛啊！我以後不會再跟你玩了。」

小刺蝟感到有點沮喪，正打算回家時，碰見小兔子獨個兒在遠處。樣子可愛的小兔子，在學校裏最受歡迎的同學，小刺蝟雖然不認識她，但非常喜歡她，時常渴望可以跟她一起玩。

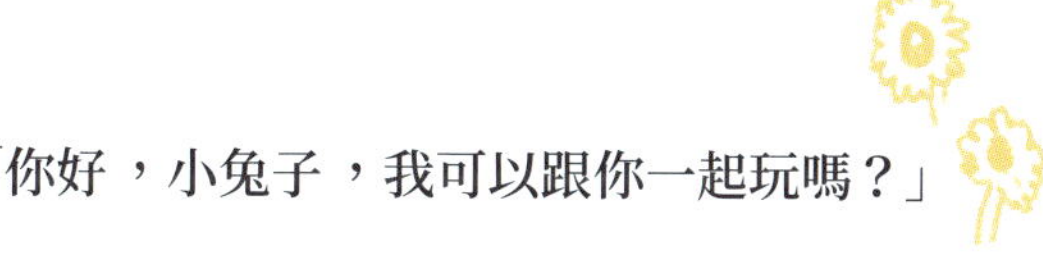

「你好，小兔子，我可以跟你一起玩嗎？」

「你……是……」小兔子有點詫異地望着小刺蝟。

「我是小刺蝟，是你鄰班的新同學。」

「你的樣子有點奇怪，你身上的是什麼？」

「我身上的是刺，是用來保護我的。」

「啊！我可以摸一下嗎？」小兔子輕輕觸摸小刺蝟的刺，只覺又尖又硬，雖然有點不情願，但又不好意思拒絕他，便說：「好吧！我們一起玩溜滑梯，好嗎？」

他們一起跑到滑梯前，小刺蝟先讓小兔子滑下，輪到自己時，縮成一顆刺刺球迅速滾下來。小兔子來不及站起來，便被小刺蝟刺痛了。

「哎呀，好痛呀！」小兔子大叫着。

「對不起，對不起。」

「我被你的刺刺得很痛，我很討厭你呀！」小兔子一邊哭、一邊揉着屁股。

「我不是有心的，對不起。請你不要走，好嗎？」

「你身上的刺太可怕了，可否拔掉它們呢？」

「我天生身體長滿刺，就像是你身上的毛一樣，怎能拔掉呢？」

「那麼我以後不再跟你玩了。」然後小兔子便跑回家了。

看着小兔子的背影，小刺蝟很傷心，回到家裏哭着告訴媽媽剛才發生的事。

「媽媽，我真的很討厭身上的刺，朋友們都嫌棄它們，我可不可以沒有刺？你可否替我把它們全拔掉呢？」

媽媽笑着說：「你知道嗎？當你遇到敵人或遇上危險時，你身上的刺可以保護你，假如把刺全都拔掉，不但有生命危險，而且你也不再是刺蝟了。」

「或者，我可以穿上一個硬殼衣？把自己裝扮成烏龜一樣，朋友們便不會被我刺痛了，他們也不會再討厭我。」

「真正喜歡你的好朋友，是不會介意你的外表，包括你身上的刺。他們不只會欣賞你的優點，也會接受你的缺點，他們會喜歡一個原原本本的你，而不是扮成烏龜的你。更何況你的刺並非缺點，而是可以保護你的武器，或許有天，你更可以用它去保護你的朋友呢！」

「你有朋友喜歡刺嗎？」

「當然有，有些喜歡榴槤，有些喜歡雞泡魚，媽媽最喜歡的仙人掌和玫瑰，他們全都有刺的！」

「對呀！我也喜歡仙人掌，胖胖的很有趣！」小刺蝟恍然大悟，說道：「所以，應該也會有朋友喜歡我吧！」

「會有的，親愛的，一定有朋友喜歡你的，至少爸爸、媽媽、哥哥、弟弟……還有祖母、祖父、叔叔、表姐……」

小刺蝟滿心歡喜地一直數下去。「沒錯！」媽媽笑着點頭。

「假如身上沒有刺，那個根本就不是我，別人喜歡的是一個真正的我，本來的我。」

刺

作曲：Michael Luk

作詞：連倩妤

監製：John Laudon

自認很古怪的獸類
來來去去　遇上太多不對
愈偽裝灑脫出走去　卻愈是會掛念誰
沒避開尖刺因顧慮
明明你痛　滴血也不跑去
扮幸福裝作很登對　笑臉亦會有淚水

勉強地無限次忍耐
你是算慷慨　還是算活該
我大概不擅長怎去愛
你皺起眼眉　被尖刺傷害
若一開始終止意外
跟豹或兔擁抱　共建築未來

哪日會經歷單純被愛
夠喜歡我才用真摯相待
樣子不改　都給厚待
歡笑沒有刻意　但似花綻開

刺是無辦法拔下來麼
做刺蝟非罪過　沒有刺不是我
能否簡單愛一身尖刺　未變改的我
若喜歡非我　非走不可

靜待一雙眼的對望
靈魂對了　利刺變得好看
讓目光感覺無限的嚮往
發現暴雨裏　自覺仍天清氣朗

安心做自己

// 連倩妤

這是另一個關於刺蝟的故事。故事說到刺蝟因為無心之過，傷害了身邊的朋友，令朋友們都不喜歡他。

他曾經懷疑自己，曾經想過佩戴硬殼去偽裝成烏龜，又想盡辦法甩掉自己的尖刺等。後來，刺蝟發現自己的刺其實是自己的一部分，雖然身上的刺有時令別人嫌棄他，但遇到敵人時，刺卻可以保護自己，甚至可以保護朋友，他的尖刺既是缺點，也是優點。

時常遇見「不夠愛自己」的案主，不覺得自己有任何可取之處，認定自己不可愛，沒有價值，所以不值得被愛。

每個人都是獨一無二的個體，我希望用故事帶出擁抱自己的缺點和接受自己的重要性。他們認為自己不夠好，往往只是觀點與角度，我希望他們重新發現自己，明白到自己是有價值的，學習接納和肯定自己，愛自己。

在愛情路上，其實是要尋覓對的伴侶，對的伴侶會欣賞你的優點，也會接受你的缺點，讓你安心做自己，一個真實的自己。

「我 2.0」：「重置」與「配置」

// Eunice

它是為懂得欣賞及
珍惜它的人和地方而存在的，
並不是為了不懂得欣賞
及珍惜它的人和地方而存在的。

每當我們的人生糟糕到極點時，我們都曾有一個想法：如果重來一次，我會把事情處理得更好，甚或我的人生可否重頭再來一次？

第一個想法事主大多有自責的感覺，認為當初處理事情的手法可以更好。我一般假設當人遇到不濟時，大多都用盡當時可以用的方法改善困境。所以，有朋友講這句說話時，我都會對他們說：「即使你今日回到當初，以你當時的資源和心態，我相信結果與現在差距不遠。」

事主時常幻想自己帶着經歷後獲得的智慧返回事前。恐怕這種任意穿越時空的景象，只可發生於電影 / 電視劇集。

我們一出生已經是進入一條單程路，要將原本的人生推倒重來（重置）根本是不切實際。反而，我們應該想想如何把現在的我，與現存條件加以「配置」，創造另一個實在的我，亦即「我 2.0」。

從科學的角度，任何事物和生命都不會完全沒有起始點。一定是由現存的一個整體或部分延伸或演變出來。演變成什麼？要多久？一切在乎當時自己如何發掘、調配及運用資源，亦即配置環境。

舉一個簡單的比喻，讓大家可以更具體明白配置環境是什麼的一回事。一粒種子，不單可用眼睛看到，可用手觸碰到（現在的現實），更可以發芽長成一朵花（潛能）。所以這粒種子的真正現實應包括現實 + 潛能。

一粒多頑強的種子也需要有利的配置才可長成燦爛的花朵。套用此比喻在自視為弱勢的一羣，現實不只是有缺陷的身軀或處於貧窮的狀態，而是包括他們的潛在能力。當他們都只集中埋怨其「缺陷」，其他可能都不會看得到。但如何可以得到有利的配置？

近年幼兒教育界極力提倡以「原材料」作為遊戲及創意力培育材料。「原材料」指沒有特定用法的材料，例如紙箱、廢紙、棄用的膠樽等。簡單而言，當摒棄有色眼鏡及為事件定性，當初被認為是負面的事件立即變得更多面，有無限可能。因此，有利的配置不是從天而降（處於被動），而是我們自行發掘存在現實的潛能，加以運用，將自己配置在最有利的環境。

曾經聽過一個故事：

一個病重的爸爸拿出一隻二百年的手錶對兒子說：「這隻手錶是你的祖父給我的。你將這隻手錶拿給街角的鐘錶店店主，告訴他你要賣了它，看看可以賣得多少錢。」

兒子回來說：「他說只值五元，因為太舊了。」

爸爸說：「那麼你拿到附近的雜貨店，看看可以賣得多少錢。」

兒子回來說：「也是五元。」

爸爸說：「那麼你拿到博物館，看看可以賣得多少錢。」

兒子回來說：「他們願意以一百萬元收購。」

爸爸說：「我希望你明白將物品放在適當的地方，才得到適當的人欣賞和認可其真正價值。若將物品放在不適當的地方，不用憤怒及埋怨。它是為懂得欣賞及珍惜它的人和地方而存在的，並不是為了不懂得欣賞及珍惜它的人和地方而存在的。」

其實，我們都是刺蝟

// Mary

出於怕被傷害的我們，
卻反倒成為了傷害別人的人。

有一次到朋友的家中作客，他養了兩隻刺蝟。那是我第一次近距離接獨刺蝟這種動物。童年時讀的故事書都會提及，刺蝟背部的刺很容易刺傷人，不能觸碰，否則會被刺傷，但那天，卻看着朋友把牠們放在手心上，還能摸牠們長滿刺的背！

朋友看到我驚訝的表情，笑了起來，說：「其實牠們只在感到受威脅時，才會把尖刺豎起去保護自己，你看，平時牠們的刺都是這樣垂下的，只要順着方向摸，會有一點刺刺的感覺，並不會很痛。」說着還摸了幾下手中的小刺蝟。

「要把手放上去那些尖刺，你當初不會怕嗎？」

「其實開頭真的不容易，有一段時間，我因抵不住那始終有點刺刺的感覺，要戴着手套才去觸碰牠們，花了好幾個星期才慢慢試着脫下手套，也曾試過在過程中，牠們突然豎起了尖刺，刺得我的手淌血……」

朋友邊訴說着與他兩隻小寶貝的點滴，臉上邊流露着一份彷彿在蜜運中的喜悅和甜蜜，看着他那發自內心的滿足神情，再看看小刺蝟在他手心上放鬆趴着睡覺的樣子，我深深感受到，他與兩隻小刺蝟之間的互相信任及安全感，正正是因為有血有淚、有困難、有傷害，這關係才來得如此珍貴如此滿足。

其實，人不也是如此嗎？每個人都有心理防衛機制（self defense mechanism），無論一個多麼善良、溫柔的人，當在心理上感受到威脅或不安全時，便會發動這個機制，做出保護自己的即時反應。

例如當你的上司對於一個工作上的錯誤問責時，你身邊的同事突然把責任全推到你身上；或者當你說了一句話不慎冒犯到你的朋友後，他 / 她突然爆怒起來，並開始抨擊你的不是；或者你明明只是和一個普通異性朋友講電話，但當你的伴侶問起時，你的即時反應，可能是因為怕伴侶誤會而講大話……

關於心理防衛機制，每個人都可能因為他們的成長背景、性格及過往的經驗而有所不同，我們不在這裏作太多討論了，坊間有無數探討這個課題的著作，是我們個人成長路途中很值得去留意的課題。

其實我們每個人都是刺蝟，當我們有情緒或感覺不安時，會本能地豎起我們的「尖刺」去保護自己，亦因此，往往出於怕被傷害的我們，卻反倒成為了傷害別人的人。

對很多忙碌的都市人來說，意識到自己的防衛機制已是不容易的事。

我們的生活環境迫着我們對身邊的處境作出快速的反應，有時我們沒有空間去理解清楚，或意識我們的感受，便要作出回應，這使我們習慣性地像刺蝟那樣，不加思索便先豎起「尖刺」，保護好自己再算。

固定地花時間獨處一下，無論是拿着一本筆記本靜靜坐在咖啡室，寫下一些思緒及感受，或是到郊外、海邊走走，感受自己的內心，都能幫助我們放慢一下，並且意識自己內心的狀態。這樣我們便能在生活遇到的各樣事情中，學習如何使用我們的保護機制適切地保護自己，同時有足夠的安全感，與身邊重要的人建立互信的關係。

讓我們一同努力，做一隻人見人愛，卻又不易被欺負的刺蝟。

有人準備去愛你

// 周冠威

多年前看過一套泰國廣告短片〈You Can Shine〉，講述一位耳聾女生學習小提琴，沒有聽覺卻鍾情音樂，在中學被人欺凌，「為什麼我和別人不一樣？」她失望挫敗地說。童年時啟蒙她學習小提琴的街頭賣藝叔叔回應她說：「妳為什麼要和別人一樣？」

對！每一個人都是獨特的，為什麼要和別人一樣？這位叔叔鼓勵她用聽覺之外的感官去感受音樂，最後她以這種獨一無二的方法演奏小提琴，獲得觀眾熱烈的掌聲。

童年時，我有語言障礙，有幾個音一直都錯誤發音，要見語言治療師，經常被人恥笑，也一直阻礙我學習英語。我很討厭自己，而這也是我的童年陰影。

小學畢業那年，我放學途中遇見班主任冼老師，結伴同行，她稱讚我「是一個很有責任心的人」，這句話看似很平常，但對自卑的我卻很重要。這份肯定，是我人生建立自信的第一步，開始欣賞自己，也很喜悅當一個負責任的人，深信我有一點善良，亦足以令我接受自己，縱使我仍然有很多缺點。

二十幾年之後，我發了一個夢，竟然夢見冼老師，在夢裏我衷心感謝她，在我未接受自己之先，她已經接納和肯定我。

這個世界有殘酷黑暗，但總有善良的人準備去接納你，愛你。

做電影導演之前，我只是一個影迷，看到歷史上已經有很多偉大出色的電影，曾經質疑這個電影歷史上不需要多一個天分不高的我。但我相信上天創造每一個人，都是獨特的話，就一定給每一個人一個獨特的任務，就算天生充滿缺陷的人，人生也是有意義的，因為這個世界找不到另一人去代替你。我就懷着這個信念，接下導演這個任務，就算我只能完成影響力有限的卑微作品，都是有價值的，因為最起碼我是獨特的，作品也是獨特的。

生命影響生命，冼老師影響了我，我也想在世界留下一些善，我語言能力弱，感恩我有視覺語言的能力，為這個能力負責任，將我的獨特之處發揮，我的使命就是拍攝善良的電影，這才不枉造物主，創造了我。

做自己便足夠

連倩妤

今天晚上約了小珊，一早醒來，我已經坐立不安。我打算藉着一個關於刺蝟的故事作為開場白，坦白告訴她，現實中的我像故事中的刺蝟一樣，擁有先天缺陷。

古怪的我，有時候，不能控制自己的情緒，興奮時會大叫大嚷，在戲院看電影時會站起來大笑。孤僻的我，有時候害怕見人，看見陌生人會閃避，活在自己的世界時，未必能察覺別人的存在。雖然近年，以上種種情緒失控的狀況已經大大減少，但是避免嚇怕她，我認為依然要給她心理準備。重要的是希望她理解我的行為不是刻意讓人難堪。

我希望她認識真實的我，我希望我們擁有一段真實的關係。

故事中的刺蝟因為滿身尖刺，被朋友視為怪物，對他避之則吉。跟朋友遊玩時，曾經戳破泡泡令朋友生氣，又曾經不小心刺傷小兔子。還未說畢故事，小珊興奮地回應：「我很喜歡刺蝟。」接着，她便滔滔不絕憶述她在東京的刺蝟咖啡店裏初次邂逅刺蝟的經驗，看見她如此雀躍，我沒有打斷她，對於我想說的，始終開不了口。

或許，是我口齒不清的緣故，營造不了氣氛去帶出主題，畢竟我的表達能力一直都欠佳，又或許，潛意識的我根本不想讓她知道我的缺陷，我在乎她對我的看法，害怕她介意我真正的模樣，更害怕她會像故事中的小兔子離開刺蝟一樣，從此遠離我。

吃過晚餐後，送小珊回家途中，雖然我們肩並肩手牽手，但心底裏卻不斷有着鬆開她的手，然後逃離的念頭。我努力抑壓着，猜想內心那頭情緒怪獸又開始肆虐。她突然關心地問：「你的手很冰冷，是否穿不夠衣服？」

「有可能。」我答，卻清楚知道那份寒氣是來自心底那種不能言喻的恐懼。

猶豫了很久，我終於鼓起勇氣説出我的憂慮。

「小珊，老實告訴你，我有很多不足的地方。」我吸了一口氣，試圖保持平靜。

「我也有。」她輕描淡寫説道。

「小時候的我，被診斷患有亞氏保加症，我跟正常人不一樣，我有社交障礙。」

「我們每個人都一樣，大家都有些不一樣。」她微笑安慰我。

「假若你發現我的行為奇怪令你害怕，不妨坦白告訴我，我會改的。」

「放心，我會的，但，你什麼都不用改，」她邊説邊用力握緊我的手，緩緩地走到我面前，睜大了眼睛，帶着關懷的神情凝望着我，用溫柔而肯定的語氣説道，「做自己便足夠了，你，夠好了。」

一直以為，我必須很努力地改變自己，成為別人眼中的「正常」，因為只有那樣，我才會被接受，因為只有那樣，才算是「好」。人生第一次聽說我夠好，發現我不太糟糕，原來我可以安心做自己，剎那有種如釋重負放下心頭大石的感覺。

眼鏡忽然模糊了，這一刻，我在想，就算全世界都不接受我，只要小珊一個懂我接受我就足夠了，就夠好了。

這幾天寒流來襲，外面很冷，可是，我的心很溫暖。新的一年，我覺得會很好。

瞎子看星